Domenico Marrone

Pane per il cammino

AF571642

Domenico Marrone

Pane per il cammino

«Signore, dacci sempre questo pane» (Gv 6,34)

Edizioni Sant'Antonio

Impressum / Stampa
Bibliografische Information der Deutschen Nationalbibliothek: Die Deutsche Nationalbibliothek verzeichnet diese Publikation in der Deutschen Nationalbibliografie; detaillierte bibliografische Daten sind im Internet über http://dnb.d-nb.de abrufbar.
Alle in diesem Buch genannten Marken und Produktnamen unterliegen warenzeichen-, marken- oder patentrechtlichem Schutz bzw. sind Warenzeichen oder eingetragene Warenzeichen der jeweiligen Inhaber. Die Wiedergabe von Marken, Produktnamen, Gebrauchsnamen, Handelsnamen, Warenbezeichnungen u.s.w. in diesem Werk berechtigt auch ohne besondere Kennzeichnung nicht zu der Annahme, dass solche Namen im Sinne der Warenzeichen- und Markenschutzgesetzgebung als frei zu betrachten wären und daher von jedermann benutzt werden dürften.

Informazione bibliografica pubblicata da Deutsche Nationalbibliothek (Biblioteca Nazionale Tedesca): la Deutsche Nationalbibliothek novera questa pubblicazione su Deutsche Nationalbibliografie. Dati bibliografici più dettagliati sono disponibili in internet al sito web http://dnb.d-nb.de.
Tutti i nomi di marchi e di prodotti riportati in questo libro sono protetti dalla normativa sul diritto d'Autore e dalla normativa a tutela dei marchi. Questi appartengono esclusivamente ai legittimi proprietari. L'uso di nomi di marchi, di nomi di prodotti, di nomi famosi, di nomi commerciali, di descrizioni dei prodotti, ecc. anche se trovati senza un particolare contrassegno in queste pubblicazioni, sono considerati violazione del diritto d'autore e pertanto non possono essere utilizzati da chiunque.

Coverbild / Immagine di copertina: www.ingimage.com

Verlag / Editore:
Edizioni Accademiche Italiane
ist ein Imprint der / è un marchio di
OmniScriptum GmbH & Co. KG
Heinrich-Böcking-Str. 6-8, 66121 Saarbrücken, Deutschland / Germania
Email / Posta Elettronica: info@edizioni-ai.com

Herstellung: siehe letzte Seite /
Pubblicato: vedi ultima pagina
ISBN: 978-3-639-60609-6

Copyright © 2014 OmniScriptum GmbH & Co. KG
Alle Rechte vorbehalten. / Tutti i diritti riservati. Saarbrücken 2014

DOMENICO MARRONE

Il Pane per il cammino

«Signore, dacci sempre questo pane» (Gv 6,34)

Capitolo I
Pane di vita per la fame del mondo

Esseri indigenti

Volgiamo lo sguardo al mistero dell'Eucaristia. Gesù ha voluto perpetuare la sua presenza in mezzo a noi legandosi a due elementi della creazione, il pane e il vino, e ha voluto offrirsi in cibo per noi uomini. Evidentemente, in questa decisione di Gesù, si nasconde una valenza fortemente religiosa e antropologica allo stesso tempo. L'uomo è un essere che ha fame. Sono ricorrenti le scene evangeliche di folle al seguito di Gesù in cerca di cibo. Sono l'espressione dell'umanità bisognosa di sfamarsi. Ciascuno di noi è generato con la fame nell'anima e nel corpo. Il nostro essere è determinato in tutte le sue dimensioni dal desiderio di veder placata la propria fame. Riusciamo a sussistere nel corpo e nello spirito solo se ci saziamo se ci nutriamo.

Cristo si offre in cibo per la nostra fame. L'atto umano di assumere il cibo racchiude una molteplicità di significati. Non è un atto banale. Noi mangiamo e assumiamo il mondo dentro di noi. Il cibo è il ponte attraverso cui il nostro essere si ricongiunge alla realtà, al mondo.

Il mangiare esprime la relazione tra la creatura e la creazione. Anche dalla semplice constatazione degli elementi chimici che compongono il nostro corpo, ci accorgiamo che tutta la creazione è dentro di noi. Il macrocosmo è compreso nel nostro microcosmo.

Gesù affida la sua presenza a questo gesto così profondamente umano e religioso al contempo. Ci invita a nutrirci di Lui. Egli si offre in cibo per noi. È il pane della nostra vita. Si trasfondono in noi i palpiti della creazione e l'energia d'amore profusa da Cristo nella redenzione.

Fruitori della creazione

Dal modo in cui mangiamo manifestiamo la qualità del nostro rapporto con la creazione. La voracità, la golosità, per esempio, sono segno di un rapporto distorto, di abuso e non di uso della creazione.

Gesù riempie di sé l'atto del mangiare, perché ciascuno di noi assumendo il suo corpo possa riconciliarsi col creato. Questo significa ritornare a nutrire la consapevolezza che la creazione appartiene a Dio ed è affidata a noi uomini come un bene di cui fruire, usare ma non abusare.

A tal proposito ammiriamo il gesto meraviglioso di Gesù nell'atto di moltiplicare i cinque pani e i due pesci per sfamare la folla: *"Allora egli prese i cinque pani e i due pesci e, levati gli occhi al cielo, li benedisse, li spezzò e li diede ai discepoli perché li distribuissero alla folla"*. Gesù leva gli occhi al cielo perché ogni dono creato viene dal cielo, da Dio. Benedice quei doni cioè li guarda con gli occhi di Dio. Dio ha consegnato a noi uomini i suoi doni con cuore di Padre, consapevole di provvedere alle necessità di tutti i suoi figli.

I beni della creazione sono destinati a tutti gli uomini. tutti devono poter fruire dei beni della terra per "bene-dire", per dire bene del Padre che è nei cieli. Poi Gesù spezza i pani e li distribuisce. Spezzare, distribuire: un'ulteriore rivelazione del progetto di Dio sui beni della terra. Essi rivelano anche il senso della nostra esistenza di uomini. Noi siamo i beni fondamentali della comunità umana. Non dimentichiamo che il bene fondamentale di una comunità non è costituito dai mezzi di cui dispone ma soprattutto dai membri che la compongono.

Gesù attraverso questi gesti squisitamente eucaristici, di rendimento di grazie, ci addita il senso del mistero che celebriamo nella Messa e del mistero stesso della sua e nostra vita.

I beni sono dono di Dio. Gesù è dono di Dio. Ciascuno di noi è frutto dell'amore gratuito di Dio. I beni sono destinati a tutti. Gesù è venuto per la vita del mondo. Ciascuno di noi è al mondo per essere dono per gli altri. È la legge dell'Eucaristia. È la legge dell'amore.

Questa legge fonda il precetto della condivisione. La condivisione è causa di abbondanza. Gesù stravolge le leggi della matematica secondo cui l'abbondanza è frutto di moltiplicazione. Per Gesù l'abbondanza scaturisce dalla capacità di dividere con gli altri, di condividere.

Ricolmati di beni

È meravigliosa la prospettiva inaugurata da Gesù. I cinque pani e due pesci che sembravano ben poca cosa agli occhi dei discepoli, nelle mani di Gesù diventano abbondanza che avanza: *"Tutti mangiarono e si saziarono e delle parti loro avanzate furono portate via dodici ceste"*.

Gesù ci addita la condivisione non come opzione facoltativa ma come ineludibile legge di amore per "saziare" l'umanità. Egli stesso si è fatto dono di amore per noi. Egli ha fatto della sua vita un dono, fino a morire per noi.

L'eucaristia è l'attualizzazione misterica di questo dono per la vita del mondo. Gesù ha spezzato, ha offerto la sua vita. Noi, nutrendoci di Cristo pane di vita, siamo chiamati a condividere, a spezzare, a offrire, a spendere e a perdere la nostra esistenza per gli altri per ritrovarla arricchita, abbondante.

Questa logica di vita che nasce dalla morte, è racchiusa nel mistero stesso del mangiare. Attraverso l'atto del mangiare il cibo si perde dentro di noi per ritrovarsi trasfigurato. L'atto del nutrirsi è un atto meraviglioso. È un atto che racchiude il mistero della trasfigurazione, della risurrezione. Tutti ci nutriamo dell'identico cibo ma questo cibo, assunto da ciascuno di noi, si trasfigura e "risorge" in ognuno di noi, con i tratti somatici tipici di ognuno di noi. È il mistero di ogni vita capace di perdersi per gli altri per rinascere, per ritrovarsi nell'altro. L'Eucaristia è per noi legge di amore che ci invita a offrirci, a perderci per l'altro per ritrovarci accresciuti, trasfigurati, pieni di vita in abbondanza.

La penuria si tramuta in abbondanza grazie alla legge della condivisione che fa sì che il poco avanza e il molto non basta. Questa legge sfugge ai discepoli. Infatti *"i Dodici gli si avvicinarono dicendo: «Congeda la folla, perché vada nei villaggi e nelle campagne dintorno per alloggiare e trovar cibo, poiché qui siamo in una zona deserta"*. E Gesù incalza: *«Dategli voi stessi da mangiare»*.

Gesù non elude i bisogni dell'uomo, prende sul serio ogni bisogno autentico dell'uomo. Egli , offrendosi in cibo, viene a soddisfare i nostri reali bisogni perché ciascun uomo non abbia a patire la fame. Egli lega la sua presenza al pane, perché il pane racchiude già di per sé un mistero.

Nel pane ci sono le ferite provocate dal sudore e dalla fatica. Il pane è impastato di sudore. Il pane contiene anche il grido muto e disperato di tutti gli affamati della terra. Nel mistero dell'Eucaristia riviviamo il mistero di passione e morte del Cristo innocente e di ogni innocente della storia.

Capitolo II
Dio nella compagnia degli uomini

Da duemila anni in ogni angolo della terra, ogni giorno, sui tanti altari del mondo si celebra il sacrificio eucaristico della S. Messa. Perché mai la Chiesa sente il bisogno di dedicare una domenica dell'anno alla esaltazione del mistero dell'Eucaristia? Comprendiamo il perché. Tutte le cose grandi hanno bisogno continuamente di essere contemplate, scrutate, amate, approfondite. E l'Eucaristia è il cuore della vita della Chiesa.

Nel pane e nel vino Gesù ha racchiuso per sempre la sua presenza, fino alla fine dei secoli, perché egli potesse stare per sempre in compagnia degli uomini, lungo il cammino della vita. Cristo è con noi nel pane e nel vino. Con il suo corpo e il suo sangue. Perché ha voluto racchiudere la sua presenza in questi elementi così semplici. Potremmo dire persino banali, insignificanti, eppure così densi di simbologia per la vita. E oltre a racchiudere la sua presenza in questi segni, ha voluto legare la sua presenza all'atto del mangiare: "Prendete e mangiate".

Il mangiare è un atto comune. Lo facciamo tante volte al giorno, tante volte nella vita. Potremmo dire che il mangiare è la metafora stessa della vita. Tant'è vero che quando noi siamo al capezzale di un ammalato e i parenti ci informano che da qualche giorno quell'ammalato ha lasciato il mangiare, è già segno che lo spettro della morte incombe inesorabile sul destino di quella persona. Mangiare significa vivere.

Il mangiare richiama la nostra fame. Noi abbiamo fame di tante di cose. Abbiamo fame di cibo. Ma ancor più abbiamo fame di stima, di considerazione, di apprezzamento. Abbiamo fame di affetto. Abbiamo fame di amore. Abbiamo fame di amicizia. Possiamo dire che la nostra vita è racchiusa in questo bisogno primordiale e così intenso e radicato nella nostra vita, la fame. Pensate. Il primo atto dell'uomo, un atto che poi si è rivelato terribile, nefasto per i suoi esiti, è stato atto del mangiare. Il nostro primo peccato risale a un peccato di bocca. Videro quel frutto. Rimasero ammirati dalla sua bellezza, quasi venne loro l'acquolina in bocca, tesero la mano, afferrarono quel frutto, lo mangiarono, spinti dalla fame di essere come Dio. E i nostri progenitori si ritrovarono meno che uomini.

Gesù riscatta questo atto primordiale del mangiare e ci mette in guardia da un rischio racchiuso nell'atto stesso del mangiare. L'uomo corre sempre il rischio di nutrirsi di ciò che non lo sazia. Questo è un rischio che corriamo tutti noi. Quante volte, assaliti dal bisogno di successo, ci illudiamo che il divenire protagonisti nella vita possa saziare la nostra fame. Poi ci accorgiamo che neanche quello ci basta, e dentro di noi avvertiamo ancora di essere scavati profondamente da un vuoto, da una fame, cerchiamo di placare questa fame in altri modi. Forse ci aggrappiamo ai nostri piccoli o grandi poteri che i ruoli della vita ci offrono. Ci accorgiamo che neanche questo ci sazia definitivamente. Man mano che gli anni vanno avanti, cerchiamo di arrampicarci alla salute, al bisogno di star bene fisicamente. Ma ci accorgiamo che anche la salute ci sfugge di mano e dentro di noi rimane questo vuoto che grida di essere colmato. Ci illudiamo ancora che questa fame possa essere placata con l'attaccamento alle cose e man mano che andiamo avanti nella vita, cominciamo ad accumulare, a mettere da parte soldi, beni, cose, proprietà, nell'illusione di poter placare la fame. Ma ci accorgiamo che per quanto queste cose possano offrirci un senso di sicurezza, dentro di noi c'è ancora un grande vuoto. Ebbene, questo vuoto può colmarlo solo Gesù Cristo.

Gesù Cristo lega la sua presenza all'atto del mangiare per dire a tutti noi: ricordati che la tua vera fame è fame di infinito, è fame di Dio. E questa fame puoi placarla solo se ti unisci a Dio. Solo se accogli Dio come compagno di strada nel cammino della vita. Non ti illudere che altri o altro possano placare questo tuo bisogno così profondo. Hai bisogno della compagnia di Dio. È il primo senso dell'eucaristia. Gesù Cristo si fa compagno di noi uomini, compagno di strada, compagno di viaggio.

Tutti noi sappiamo la fatica del vivere quotidiano. Tutti noi conosciamo le difficoltà, il *pondus vivendi*, il peso di vivere, la fatica di vivere. Per questo Gesù Cristo si affianca a noi. Anzi, c'è di più. Vive dentro di noi. Abita dentro di noi. Per questo ci invita a nutrirci di lui, a mangiare di lui. Ad accogliere il suo pane nella nostra vita. "Prendete e mangiare… Prendete e bevete". Questa volta dobbiamo fidarci dell'invito di Gesù. Dovevamo fidarci già la prima volta quando Dio aveva detto: Non prendete del frutto di quell'albero. E l'uomo non si fidò. E abbiamo sperimentato sulla nostra pelle il senso e le conseguenze della nostra disobbedienza.

Ora, Gesù scommette ancora su di noi. Vuole ancora scommettere su di noi e ci rivolge l'invito, questa volta non al negativo. Non dice: Non prendete, ma prendete e mangiate. Fidiamoci. Fidiamoci e nutriamoci di Cristo. Ancora troppi fedeli cristiani sono lontani dall'Eucaristia. Sono ancora pochi quelli che si nutrono di Gesù Cristo. Non deve passare volta in cui, partecipando al banchetto dell'Eucaristia, noi non ci nutriamo di lui.

È vero, spesso diciamo di non esser degni. Nessuno di noi è degno. Lo diciamo ogni volta nella Messa: "O Signore, non sono degno di partecipare alla tua mensa..". Lo diciamo tutti. Nessuno è degno di riceverlo. Guai se qualcuno credesse di esser degno. Compiremmo ancora una volta un atto di superbia terribile, quasi a voler competere con Dio. Nessuno di noi è degno di mangiare di quel pane. Ma è Cristo che ci rende degni. Ci ha resi degni con il dono della sua vita. Con il dono del suo sangue. La preoccupazione nostra non deve essere tanto quella di essere degni, ma di rimanere ammirati di questo gesto di amore smisurato di Cristo. Dice S. Paolo che tra gli uomini ci può essere qualcuno disposto a dare la vita per una persona dabbene. Ma Gesù Cristo ha dato la sua vita per tutti noi mentre eravamo ancora disgraziati. Questo atto di amore smisurato di Cristo deve riempirci di stupore ma anche di gratitudine perché il suo atto di donazione, di immolazione sulla croce, diventa un bagno rigeneratore per la nostra vita.

Per cui nessuno di noi può rimanere indifferente davanti all'amore di Dio. Quell'amore che noi celebriamo in ogni Messa. In quel pezzo di pane, potremmo dire che c'è la sofferenza del chicco di grano triturato sotto la macina, pestato, cotto al fuoco, compattato per divenire nostro cibo, così c'è la passione di Cristo martoriato, lacerato sulla croce che diventa vita per la nostra vita. Allora l'Eucaristia è anche la celebrazione della vita di Dio nella nostra vita.

Infine, l'Eucaristia ci invita all'adorazione. Consacriamo l'Eucaristia, ci nutriamo dell'Eucaristia e adoriamo l'Eucaristia, la contempliamo. Nell'Eucaristia vediamo in trasparenza tutta l'opera creatrice di Dio. Vediamo la vita di Dio che pervade l'universo. Potremmo dire che attraversa tutta la materia. In quel pane c'è la materia di tutto l'universo. Quella materia che è uscita dalle mani di Dio ed è stata forgiata secondo un progetto di amore. Adorare l'Eucaristia significa ritornare a guardare il mondo con gli occhi di Dio, non con gli occhi di chi abusa del mondo, di chi abusa dei beni del mondo, di chi abusa delle risorse della terra, di chi saccheggia il pianeta. Ma con gli occhi ammirati, pieni di stupore, di chi guarda la meraviglia uscita dalle mani di Dio e concentrata in quell'Ostia candida che è la presenza viva di Cristo in mezzo a noi. Una presenza in cui si concentra non solo tutta l'umanità ma la creazione intera.

Per cui l'adorazione è l'atteggiamento del cuore dell'uomo che dice a Dio: prima di me ci sei tu, sopra di me ci sei tu, davanti a me ci sei tu. Guardate noi spesso viviamo la vita come persone dinanzi alle quali e sopra delle quali sembra non ci sia nessun'altro. Poi capitano eventi, imprevisti, sorprese che sembrano distruggere quella nostra protervia, quella nostra prosopopea e rimaniamo così addolorati, umiliati. Perché giungere a tanto? Basta custodire questo sentimento di adorazione verso Dio per vivere da umili compagni di viaggio nella vita, affiancati dal Dio dell'amore presente nell'Eucaristia.

Ritorniamo ad inginocchiarci davanti a Cristo. Non rimaniamo sempre eretti sulle nostre posizioni quasi fossimo inchiodati sui troni della nostra fierezza umana. Impariamo a piegare la testa, a piegare le ginocchia. Come tutti i santi hanno sempre fatto. A piegarla davanti a Gesù Cristo. Perché quando pieghiamo la testa davanti a Gesù Cristo, guadagniamo in onore, in dignità. È quando la pieghiamo davanti agli altri che smarriamo il senso della nostra dignità. È quando ci prostriamo davanti ai nostri simili che smarriamo la grandezza della nostra immagine e somiglianza di Dio. Quando ci inginocchiamo davanti a Gesù Cristo ci ritroviamo più uomini.

Celebrare l'Eucaristia è celebrare una festa di speranza di un Dio mai stanco degli uomini. Di un Dio capace di camminare tra la polvere lungo le strade degli uomini. Di un Dio che non disdegna di farsi materia per trasfigurare la materia dei nostri corpi, perché un giorno possiamo abitare per sempre la sua casa. Potremmo dire che

Dio è divenuto di casa in mezzo a noi perché noi possiamo un giorno diventare coinquilini del paradiso. Ed è questo il senso della nostra fede: nutrirci del pane del cammino e custodire la consapevolezza che quel pane ci sostiene nel cammino verso il regno. Lì dove non abbiamo più bisogno di soffrire il tormento della mente e del cuore per il Cristo nascosto sotto i veli del pane e del vino, lì vedremo Dio faccia a faccia. E Cristo sarà tutto in tutti.

Capitolo III

Nell'Eucaristia la legge della nostra vita di cristiani

C'è un atto importante che caratterizza la nostra identità di cristiani. È la celebrazione dell'Eucaristia. Pensate: da duemila anni, ininterrottamente, da quel giorno del giovedì santo, in ogni angolo della terra, ogni giorno, ogni momento, sui diversi altari del mondo, si celebra questo atto di culto fondamentale ed essenziale della nostra vita cristiana. Di qui capiamo la centralità del mistero dell'Eucaristia nella vita della Chiesa.

Gesù ha voluto consegnarsi a noi sotto le specie del pane e del vino. È una consegna che suggella un vincolo di alleanza tra Dio e noi. Un vincolo di alleanza che è il segno di un amore senza limiti. È come se Gesù dicesse da sempre ad ogni uomo: ecco, puoi nutrirti di me. Mi offro in cibo per la tua vita. E Gesù fa questo perché sa che noi esseri umani siamo delle persone affamate. Abbiamo sempre fame. Abbiamo fame di pane. Ma abbiamo fame di affetto, di comprensione, di ascolto, di amicizia, di perdono. La nostra vita si caratterizza per questo bisogno di fame.

Se poi pensiamo che l'umanità il primo peccato l'ha commesso con la bocca. Il primo peccato è stato legato all'atto del mangiare. Ricordiamo tutti l'evento primordiale dei nostri progenitori. Videro che quel frutto era buono, era bello anche a vedersi. Allungarono la mano, lo presero e lo portarono alla bocca e ne mangiarono. È la descrizione di questa tentazione continua che noi viviamo. Prendere il mondo che ci sta fuori, attorno a noi, e metterlo dentro di noi. La voracità dell'uomo. Siamo insaziabili. Gesù lega la sua presenza a questo atto importante del magiare per aiutarci a capire che la nostra fame non è una fame di cose.

Anche se viviamo in una civiltà che ci fa quotidianamente credere che abbiamo bisogno di tante cose. Mi viene in mente che viviamo spesso una situazione. Pensate la momento in cui andiamo in quei nuovi santuari della nostra civiltà che sono gli ipermercati. Si va col carrello e puntualmente c'è sempre qualcosa che ci manca e la compriamo. E anche se ritorniamo dieci, venti, trenta, quaranta volte, ci sarà comunque sempre qualcosa che ci manca, qualcosa di cui abbiamo bisogno. La civiltà dei consumi ci fa credere che noi abbiamo bisogno di cose per saziarci, per gratificarci, per riempirci. Pensate a quanti oggetti abbiamo in casa. Un'infinità di cose che talvolta rimangono lì per anni e anni a occupare solo spazio e a rendersi persino inutili, se non un ingombro per la nostra stessa vita domestica. Eppure coltiviamo l'illusione che la nostra fame si sazia, si placa solo con le cose.

Gesù, offrendo la sua vita nei segni del pane e del vino, ci ricorda che la nostra non è una fame di cose, ma è una fame di Dio la fame di Dio significa imparare a nutrire non tanto il ventre, ma a nutrire il cuore. Perché la nostra fame vera è scritta nei nostri cuori. In quel desiderio di infinito che Dio ha scritto nelle nostre esistenze. E Gesù , offrendoci il suo corpo e il suo sangue, è come se dicesse ad ognuno di noi: ricordati che per saziare la tua fame devi imparare a donare il tuo corpo e il tuo sangue. Perché la tua fame si placa non quando prendi e metti dentro, ma quando prendi e doni e ti consegni agli altri. Consegni il tuo tempo, il tuo affetto, il tuo amore, la tua disponibilità, la tua intelligenza, le tue doti. Noi siamo soddisfatti non quando riceviamo ma quando doniamo. Negli Atti degli Apostoli leggiamo proprio quest'espressione: c'è più gioia nel dare che nel ricevere.

Ma non è poi tanto difficile verificare questa gioia. Nella nostra vita quotidiana ci accorgiamo che il momento più alto della nostra gratificazione non è quello in cui abbiamo ricevuto tanto dagli altri. Ma il momento più alto della nostra vita è quello in cui ci rendiamo conto di aver donato qualcosa di noi stessi. Lì è il segno più evidente che la nostra fame si sazia nel donare agli altri. Anche se il nostro è un dono minuscolo, piccolo. Come accade agli apostoli. Rimangono sgomenti. C'è una folla immensa da sfamare e dicono: "Abbiamo solo cinque pani e due pesci, come è possibile? È immensamente sproporzionata la misura di ciò che abbiamo in relazione al bisogno della folla". Però Gesù inaugura uno stile nuovo che gli apostoli devono vivere lungo i secoli. È lo stile della chiesa. È lo stile dei cristiani. Che poi è lo stile che noi traduciamo in quel proverbio nostro popolare quando diciamo che il molto non basta e il poco avanza. Perché il poco quando è diviso si moltiplica. Il molto siccome fa scattare la nostra brama di possesso, di voracità, spesso non basta neanche a noi.

Nell'Eucaristia noi vediamo la legge della vita. Ecco perché l'esistenza della chiesa da sempre, lungo i secoli, si intreccia con l'Eucaristia. L'Eucaristia fa la Chiesa. Noi nasciamo dal sacramento dell'Eucaristia perché capiamo il senso del nostro essere discepoli. Siamo delle persone che fanno della loro vita un pane fragrante e spezzato per gli altri. Come dice Gesù ai discepoli. *Dategli voi stessi da mangiare*. Una frase a doppio senso che significa sia: materialmente provvedete al cibo di questa gente; ma significa anche: date voi stessi, la vostra vita in cibo per gli altri. L'Eucaristia allora diventa la più grande provocazione di amore che Dio ha messo nel cuore di ciascuno di noi.

Nutrirci di Cristo significa chiederci in che misura la nostra vita è offerta in dono, cibo per gli altri? Questo diventa quanto mai provocatorio in un tempo qual è il nostro in cui assistiamo da ogni parte a uno sfrenato individualismo. Ognuno corre per conto proprio. Non si sa verso che cosa corre; non si sa che cosa vuole; non si sa dove vuole arrivare. Ma ciascuno corre in maniera sfrenata, irrefrenabile. A tal punto da dimenticare di appartenere a una famiglia umana, a una comunità. Ebbene, l'Eucaristia ci dice che la vita non è fatta come una pista in cui ciascuno insegue il suo traguardo cercando di arrivare primo rispetto agli altri. L'Eucaristia ci insegna che la vita è una tavola imbandita in cui stiamo tutti in cerchio attorno col desiderio non solo di sfamare noi, ma con la gioia di vedere che anche gli altri si sfamano. Sono i grandi problemi del mondo. Pensate anche alle vicende di cui sentiamo parlare spesso in televisione riguardo alle proteste, sia pure discutibili, per la violenza di certi gruppi contro le riunioni dei potenti della terra. In fondo qual è il senso di tutto questo? Il senso è semplice: non si può fare un banchetto in cui ci siano solo i grandi ad abbuffarsi attorno ad un tavolo, dimenticando che due terzi del pianeta languono nella fame. Ci si deve sedere tutti insieme attorno al banchetto della vita, perché la gioia più grande non è quella di dire: oggi sono riuscito a mangiare e mangiare bene. Ma anche quella di sapere che oggi come me hanno mangiato tutti e il nostro cibo diventa anche più saporito, sapendo che tutti hanno potuto mangiare.

Questo è il senso dell'Eucaristia. È il sacramento dell'amore, della comunione. Ma non di quella comunione come la intendiamo noi in senso intimistico: ho fatto la comunione con Cristo! Ma la comunione con l'umanità intera. Perché nutrirci di Cristo significa portarci dentro la stessa passione di amore di Cristo che è venuto perché tutte le folle siano sfamate. Vedete come è bella la conclusione del vangelo. *Tutti mangiarono e si saziarono*. Possiamo dire questo noi del mondo di oggi. Possiamo affermare che tutti mangiano e si saziano? O non è forse vero che pochi mangiano e tutti crepano, chi di malattie del benessere, chi di fame.

Capitolo IV
Adoro ergo sum

La solennità istituita per adorare la presenza viva di Cristo in mezzo a noi nel Sacramento del suo Corpo e del suo Sangue è una solennità che viene molto da lontano. Forse non conosciamo l'evento semplice, umile, nascosto che indusse l'allora Papa Urbano IV, nel lontano 1246, a istituire per tutta la chiesa questa solennità. Da dove nasceva questa esigenza di dedicare una solennità liturgica al mistero eucaristico che comunque è il mistero centrale della vita della chiesa? Questa esigenza nasceva da un'umile cella di un monastero del Belgio. C'èra una monaca, S. Giuliana di Cornillon. Una contemporanea del nostro santo Patrono, di S. Ferdinando, l'uno di origine spagnola, l'altra di origine belga. Ebbene, questa donna, giovanissima, ogni qualvolta si raccoglieva in preghiera nella cella del suo monastero, aveva una visione. Dinanzi ai suoi occhi si stagliava un'immagine. Una visione che sicuramente era l'espressione di una sua maturità spirituale. Era il segno di un cammino interiore che approdava in questa manifestazione visiva. Ebbene, che cosa vedeva questa monaca quando pregava? Dinanzi ai suoi occhi appariva l'immagine di una luna. Ma non era una luna piena. Era una luna a cui mancava uno spicchio. Quasi piena, ma non era piena. Quella monaca cercava di interpretare questa visione che era ricorrente, insistente. Che cosa dedusse ella da questa immagine ormai costante nella sua preghiera? Dedusse che quella luna rappresentava il ciclo dell'anno liturgico. Era il ciclo del tempo della Chiesa. Mancava una solennità in questo ciclo, una solennità dedicata al Corpo e Sangue di Cristo. Ne parlò col suo padre spirituale, Giacomo de Troyes, detto Pantaleone, divenuto poi vescovo di Liegi e successivamente papa, Papa Urbano IV. Ebbe modo, si da sacerdote e ancor più da papa, di persuadersi che era necessario offrire al culto pubblico della cristianità una festa dedicata al Corpo di Cristo. Parto da questa contingenza storica per fare alcune riflessioni. Il simbolo della luna. La luna ha segnato il ritmo dei tempi presso tutti i popoli. La luna è segno di un'alleanza misteriosa tra cielo e terra. Se voi riflettete che la fecondità delle greggi è legata ai cicli lunari, vi accorgete quanto intima sia l'alleanza che la luna esprime tra il cielo e la terra. Se poi pensate che anche il ciclo produttivo della fecondità umana è legato al ciclo lunare, allora capiamo che nella luna c'è un mistero di fecondità. A quella luna che appariva insistentemente a S. Giuliana di Cornillon, mancava uno spicchio. Come a dire che la fecondità piena del tempo e della storia è una fecondità che può essere garantita solo dalla presenza di Cristo Eucaristia. Ed è questa la riflessione che voglio consegnarvi. L'Eucaristia è la presenza che rende fecondo il tempo degli uomini. È una presenza che riempie la storia. Una presenza che già era giunta in mezzo agli uomini proprio nella pienezza dei tempi, come ci ricorda Paolo nella lettera ai Galati, quando parla dell'incarnazione di Cristo: quando venne la pienezza dei tempi, Cristo nacque da una donna.

Però il tempo è sempre sotto la minaccia del non senso, del vuoto, dell'aridità, della sterilità. Non è forse così che noi viviamo il tempo? Molte volte il fluire dei giorni, il succedersi delle settimane, dei mesi, degli anni, ha il sapore dell'aridità? Quante volte ha il colore dell'assurdo? Quante volte ha il tono del non senso? Ebbene, proprio per questo Cristo ha voluto abitare per sempre il tempo, fino alla consumazione dei secoli. L'Eucaristia è la presenza di Dio nel tempo. Una presenza che per se stessa è segno di amore. Infatti, qual è il primo modo per dire ad una persona: ti amo? Il primo modo è proprio questo: dirle: Ci sono. E nel dire "ci sono", noi diciamo all'altro: puoi contare su di me: puoi fidarti. Sono il compagno di viaggio della tua vita. in questa espressione c'è una dichiarazione di alleanza. L'Eucaristia in questo allora diventa il sacramento della presenza e della presenza amorosa di Dio tra gli uomini. Di un Dio che si fa compagno di strada, che abita il tempo, il nostro tempo umano, così tragico, così drammatico, ma anche così esaltante. È un Dio che non ci lascia soli nel cammino della storia.

Ma questa presenza è il frutto di un dono. L'Eucaristia non è solo il sacramento della presenza, ma è il frutto di un'offerta. L'Eucaristia è sacrificio, parola difficile da intendere per i nostri orecchi, ancor più per i nostri cuori, peggio ancora per le nostre volontà, assurda per le nostre intelligenze. Che cos'è il sacrificio? *Sacrum facere*, rendere sacra una realtà, consacrarla. Non è forse questa la parola che usiamo per l'Ostia? Consacrare l'Eucaristia. Ma ancor prima che l'Ostia, c'è Qualcuno che si è consacrato, cioè si è messo a disposizione di Dio. Sacrificio significa proprio questo: riconoscere la signoria di Dio sulla nostra vita. quando Gesù ha detto: Mio cibo è fare la volontà del Padre mio", in quelle parole ha spiegato che cos'è il sacrificio. È dire a Dio: sono nelle tue mani. L'Eucaristia è frutto di un atto estremo di consegna di Cristo nelle mani del Padre. Infatti dall'alto della croce quel Cristo grida: *Padre, nelle tue mani consegno la mia vita*. Una vita che era stata costantemente affidata al Padre e che trova in quell'evento ultimo il suggello di una consegna che diventa il sacrificio, l'immolazione, l'offerta.

Ebbene, noi nell'Eucaristia rinnoviamo tutta la potenza vivificante di questo atto di consegna di Cristo al Padre. E, nutrendoci di questo Pane, noi attingiamo forza per fare delle nostre esistenze, come dice l'apostolo Paolo nella lettera ai Romani, un sacrificio gradito a Dio. In che modo noi possiamo fare della nostra vita un sacrificio gradito a Dio? Rivivendo l'atteggiamento di Gesù, vivendo la nostra esistenza a disposizione di Dio. Vi dicevo che è difficile questo. soprattutto per la nostra volontà. Noi siamo figli della civiltà che idolatra la volontà umana, che idolatra la libertà umana. Noi siamo coloro che molto spesso si radunano nel nome di Dio per piegare la volontà di Dio alla nostra, ma non per dire a Dio: ecco, la mia esistenza è nelle tue mani come sacrificio di soave odore. Per avere il coraggio di fare questo dobbiamo avere il coraggio di dire sempre a Cristo, come diceva Paolo VI in una meravigliosa preghiera: Cristo, tu ci sei necessario. Perché, da te, dal tuo Pane, dalla tua carne, noi attingiamo la forza per fare della nostra carne un'offerta, un dono, una messa a disposizione della tua volontà.

L'Eucaristia in questo allora è sacramento del sacrificio di Cristo. Ma è anche sacramento del sacrificio nostro, umano, unito al suo. Ogni qualvolta negli angoli remoti della terra, nei tempi più impensabili della nostra esistenza, noi siamo capaci di vivere per Dio, noi perpetuiamo nella nostra esistenza il sacramento eucaristico. Ecco perché Palo dice ancora: *di ogni cosa imparate a fare eucaristia*, rendimento di grazie, offerta. Tutto è dono di Dio. Noi dobbiamo liberarci da una mentalità padronale. Chi si accosta a Cristo non può sentirsi padrone di nulla, ancor meno di persone, dei suoi simili. Chi si accosta a Cristo vive la dimensione del servizio. Il padrone è schiavo. Il cristiano è servo. È tutta qui la scommessa dell'Eucaristia. Il padrone è schiavo. È schiavo delle sue brame. È schiavo delle sue manie di possesso, è schiavo della sua megalomania. Il servo è l'uomo che dice a Dio: io non mi appartengo. È l'uomo che sa dire a Dio, come Gesù: Padre, nelle tue mani io consegno la mia vita.

Allora l'Eucaristia diventa per tutti noi un invito a riconsegnarci al Padre. Dobbiamo ridimensionarci tutti. Ci sentiamo troppo autosufficienti. Chi è autosufficiente non si nutre di Cristo, questo lo dico anche a quelle persone che con molta semplicità e superficialità credono di poter fare a meno dell'Eucaristia. Non discuto la loro integrità morale. Taluni arrivano persino a dire: se farsi la comunione significa essere come coloro che vediamo accostarsi a quel sacramento, io non mi accosterò mai, perché rimango scandalizzato, dicono costoro. Ebbene, a costoro io dico: non ti scandalizzare, perché già la tua autosufficienza è il più grande scandalo del mondo. se credi di poter stare a posto con la coscienza per avvicinarti a Dio e presentare la tua onestà e sentirti l'applauso di Dio, tu sei la persona più boriosa del mondo. se ti accosti a Dio, pur nella tua vulnerabilità, nella tua fragilità, e dici a Dio: Ho bisogno di te per abitare il tempo, perché il mio tempo è un cammino insidioso nel deserto, come leggiamo nel libro del Deuteronomio. Un cammino fatto di serpenti e di scorpioni, serpenti e scorpioni che non rare volte hanno il covo nell'intimo più riposto del nostro io.

Allora abbiamo bisogno del Pane della vita. Abbiamo bisogno di nutrirci di Lui, perché la nostra esistenza diventi sacramento di condivisione. L'umanità ha bisogno di offerta. Non ha bisogno di prestazioni. Non ha bisogno neanche di competenze. Non sono i competenti che mantengono in piedi il mondo. sono gli uomini e le donne capaci di offerta. Di offerta silenziosa, di offerta disinteressata, di offerta gratuita, di offerta semplice. Sono questi gli uomini che reggono silenziosamente le colonne del mondo. Ecco perché l'Eucaristia è il Pane della vita. perché è vita di Dio che si trasfonde nel cuore degli uomini.

L'Eucaristia diventa allora il sacramento non solo della presenza, il sacramento del sacrificio, ma diventa il sacramento del banchetto. Il banchetto è sempre frutto di un sacrificio. Ce ne accorgiamo quando abbiamo ospiti a casa quanto ci costa – gioiosamente, ma ci costa – imbandire il banchetto per gli ospiti. Ma quella gioia è una gioia che sgorga da un'offerta, da una messa a disposizione di Dio, che è capacità di abitare il tempo secondo la logica di Dio. dobbiamo ritornare a riconsegnare il tempo a Dio. Perché se lui abita con noi, il tempo è suo. Lui è il grande elargitore del tempo. Per cui abbiamo bisogno di riscoprire la domenica come tempo di Dio. Sono ladri – sì, sono ladri – coloro che vanno al lavoro la domenica, rubano il tempo di Dio e lo usano per se stesi. Sono ladri. Ci sono tanti modi di essere ladri. Ci sono anche i ladri del tempo. Coloro che credono di avere in mano i fili della storia, di orientarli secondo progetti personali, di volgerli a fini di autopromozione. È l'espressione più alta dell'orgoglio umano. Molto sottile. Ricordatevi che quanto più cresce la sensibilità culturale dell'uomo, tanto più sottile è l'orgoglio. Quell'orgoglio che cominciò con un atto di voracità, attingendo a un albero per divorare un frutto, si perpetua nella storia attraverso tanti altri atti di voracità. Uno di questi contemporanei è la voracità del tempo. Smettiamola di dire: Non ho tempo. Il tempo non è tuo. Te ne accorgi quando ti cade tra capo e collo un'esperienza di malattia, di dolore, di morte. Allora ti accorgi che non sei il padrone del tempo. Allora vivi il tempo in compagnia del Signore del tempo perché tu possa abitarlo secondo la sapienza di Dio che è la sapienza della precarietà, la sapienza della provvisorietà, la sapienza dell'itineranza, la sapienza di chi ha lo sguardo volto all'eternità.

Celebrare l'Eucaristia significa ritornare a riconsegnare il tempo a Dio. Ma significa anche riconsegnarli lo spazio. Quello spazio che è espressione della casa della terra che ci è data per abitarla. Ma per abitarla secondo sobrietà. Tra poco, l'Onnipotente, l'Infinito, il Grande, il Maestoso, Colui che i cieli dei cieli non possono contenere, si farà una casa in un pezzo di pane. Si contrarrà nell'essenza dello spazio perché anche noi da questo cogliamo un messaggio di conversione. Quanto spazio crediamo di dover avere a nostra disposizione per vivere? Quanto spazio! Lo spazio è di Dio. Non puoi saccheggiarlo. Non puoi oltraggiare la natura. Non puoi inseguire il progresso ad oltranza. Non puoi credere che la civiltà si misuri sempre dallo sviluppo edilizio, economico, industriale. Questa è un'espansione dello spazio che non coincide con la capacità di abitare lo spazio in modo sapienziale, in modo sobrio. Senza oltraggiare la madre terra. Quella madre terra che ci offre i frutti per il sacrificio eucaristico.

Allora in quei segni così umili, così semplici, così essenziali c'è la storia del tempo e dello spazio. C'è la storia di Dio, c'è la storia dell'umanità. C'è la mia storia. Per cui ogni qualvolta mi immergo in questo mistero di amore recupero il senso del mio essere. Ha scritto un'autrice francese dei nostri tempi, parafrasando il detto di un filosofo anch'egli francese, che diceva: *Cogito ergo sum*, penso per cui esisto. Non basta pensare per restituire dignità al nostro essere. Dice questa autrice: *Adoro ergo sum*. Nel momento in cui sono capace di immergermi nel mistero di Dio, allora recupero il senso del mio essere. Se il nostro essere, se il nostro tempo è assurdo, se il nostro spazio è prigione, è perché abbiamo smesso di adorare.

Allora il senso della prosecuzione dell'Eucaristia che oggi viviamo nel cammino della vita è segno e anticipazione del pellegrinaggio celeste per ciascuno di noi. Volgeremo lo sguardo all'Ostia candida, alla luna piena, per recuperare fecondità per la nostra esistenza, per recuperare il gusto del nostro essere. Piegheremo le ginocchia e in cuor nostro diremo: *Adoro ergo sum*, ti adoro mio Dio per questo sento di esistere e voglio esister per te e per gli altri.

Capitolo V
A bocca aperta dinanzi al mistero

La raccomandazione che Gesù fece ai suoi discepoli a conclusione dell'Ultima Cena, dicendo: "Fate questo in memoria di me", è stata accolta con fedeltà e continuità da tutta la chiesa lungo questi duemila anni di storia. Ogni giorno, più volte al giorno, in ogni angolo della terra, si celebra il sacrificio della Messa, in obbedienza alla Parola di Gesù. Pensate che solo di domenica, nella sola Italia, si celebrano quasi 200.000 SS. Messe. La Messa rimane la carta di identità dei cristiani. Lo specifico del discepolo di Gesù è proprio la partecipazione alla Messa. Anche di un giovane che diventa sacerdote noi siamo soliti dire che ha preso Messa.

Evidentemente è qui il centro della nostra fede, nel mistero dell'Eucaristia. Ce lo ricordava anche il santo Papa Giovanni Paolo II. Egli ci invitava a rinnovare il senso dello stupore verso questo santo sacramento. Noi lo rinnoviamo partendo dalla consegna stessa che Gesù fa a noi. Gesù si rende presente nel pane e nel vino, per dirci che la sua vita prima di tutto è un'offerta, è un dono, è un sacrificio. Nelle parole che egli dice: "Prendete, questo è il mio corpo. Bevete, questo è il mio sangue versato per tutti", c'è il senso stesso della vita di Gesù e della nostra vita. Una vita donata per gli altri. In quel giovedì santo Gesù non ha fatto altro che anticipare nel sacramento ciò che avrebbe vissuto esistenzialmente dall'alto della croce il giorno successivo, il venerdì santo, quando offre il suo corpo per la salvezza di tutti.

Allora la prima riflessione è questa: il sacramento dell'Eucaristia è la riattualizzazione del sacrificio di Gesù sulla croce. Questo deve far sorgere dentro di noi sentimenti di gratitudine per Gesù che si dona per la salvezza di tutti. Ma diventa anche una proposta molto impegnativa per noi. La nostra vita, nel momento in cui si unisce a Gesù attraverso il sacramento della comunione, assume la stesa forza, la stessa energia per diventare anch'essa un'offerta. Vivere come Gesù allora significa vivere nella logica del dono.

Scriveva un papa dei primi secoli della chiesa, S. Leone Magno, che quando noi ci nutriamo di Gesù siamo trasformati in colui di cui ci nutriamo. Ci nutriamo di Cristo, siamo trasformati in Cristo per essere capaci di compiere nel mondo lo stesso amore smisurato di Gesù. Ed è questo il senso della comunione. Vivere uniti a Gesù significa attingere attraverso la forza di questo sacramento la capacità di amare come Lui, di amare smisuratamente, di perdonare smisuratamente, di donarci smisuratamente. Questo diventa quanto mai urgente ai nostri tempi. Tutti noi ci stiamo lasciando un po' prendere la mano dall'egoismo. Dobbiamo essere sinceri: c'è un egoismo diffuso nella nostra civiltà. Ma non pensiamo chissà a chi, pensiamo a noi. Ci sentiamo scomodati quando qualcuno chiede il nostro aiuto o invoca la nostra collaborazione, la nostra solidarietà. Sentiamo un fastidio, dobbiamo esser sinceri. La nostra civiltà ci abitua a coltivare il nostro piccolo orto, le nostre comodità, i nostri comfort, a vivere senza avere rogne.

Vivere nella logica dell'Eucaristia significa dire agli altri ciò che Gesù ha detto e dice continuamente in ogni Messa: Questo è il mio Corpo, prendete e mangiate. Questo è il mio Sangue versato per tutti. Noi smarriamo, perdiamo il senso della nostra vita, quando non siamo più capaci di donare. Lo aveva detto Gesù: se cercherai di guadagnare la tua vita, la perderai. Ti sfuggirà di mano. Questa è una constatazione che possiamo fare tutti.

Nel nostro mondo occidentale alla maggior parte delle persone non manca nulla, però c'è un senso diffuso di insoddisfazione. C'è una tristezza che si legge sui volti. È la tristezza che nasce dalla nostra incapacità di donarci. È la tristezza che è frutto di una brama spropositata, incontenibile di avere tutto per noi, di volgere tutto ai nostri interessi, di orientare tutto secondo i nostri progetti. Apparentemente questo potrebbe illuderci di poter raggiungere la felicità, ma poi ci ritroviamo con la tristezza dipinta sui volti.

La logica della vita è nella capacità di dono. Celebrare la Messa non significa celebrare un rito arido, formale, sterile. Non significa assolvere il precetto e dire: Ho fatto il mio dovere con Dio. Ed è bene tenerselo buono questo Dio, perché può avere delle ritorsioni contro di me. Celebrare la Messa significa venire ad attingere forza per amare come il Signore. Però dobbiamo esser sinceri: noi non vogliamo amare come Gesù. Tante volte sentiamo la sua proposta nel vangelo e dentro di noi diciamo: sei esagerato. Tu mi dici di perdonare settanta volte sette. Ma sei esagerato. Tu mi dici di donare, di essere generoso, di non accumulare, di condividere. Ma sei esagerato. Ecco che il nutrirci di Gesù non produce alcun effetto dentro di noi. Quella energia che egli ci infonde con il sacramento dell'amore – l'Eucaristia è il sacramento dell'amore – viene neutralizzata dalla nostra energia di egoismo. Viene come ingabbiata, tenuta a freno. Ed ecco che, pur partecipando a tante Messe per tutta la nostra vita, ci accorgiamo che non siamo diventati come Gesù. Ma non perché Gesù non abbia fatto la sua parte, ma perché noi abbiamo frenato la sua azione di amore dentro di noi. Allora il sacramento che oggi celebriamo diventa per noi un ritornare a provare la gioia di fare della nostra vita un dono.

Giovanni Paolo II ci invitava a riscoprire una forma di preghiera che forse stiamo smarrendo, la preghiera di adorazione verso il Ss. Sacramento. Che cosa vuol dire adorare l'Eucaristia? Etimologicamente la parola adorare significa rimanere a bocca aperta, meravigliati stupiti davanti a Gesù che si è reso presente in un pezzo di pane. Adorarlo significa dire: Signore, tu hai fatto della tua vita un dono, una presenza continua in mezzo a noi. Io a che punto sto con questa capacità di dono e di presenza? L'Eucaristia è il sacramento della presenza che richiama anche noi a vivere la nostra prossimità, la nostra vicinanza, l'esser presenti.

Oggi ci sono tanti molti modi attraverso cui noi possiamo evitare la presenza. È vero che viviamo in una civiltà caratterizzata da infinite forme di comunicazione. Però sono forme di comunicazione che mentre avvicinano, allontanano. Quando voi non volete incontrare una persona vi limitate a una telefonata. La telefonata è una realtà che rende vicini, ma allontana perché toglie il fastidio di esser presenti. È un esempio banale. Togli l'impaccio di guardare nel volto l'altro, di sostenere la sua faccia, le sue reazioni. Basta prendere la cornetta del telefono e sbrigarsela così. È il rifiuto della presenza. Ci sono tanti segni. Pensiamo, per esempio, al citofono. Lo abbiamo quasi tutti. È un modo per non rendersi presenti, per dire: non posso, non entrare, non venire. Sono piccoli segni. Li evidenzio giusto per far capire a tutti noi come, stranamente, in una civiltà che sembrerebbe che ci renda vicini gli uni agli altri, ci dota di strumenti per non renderci presenti. Gesù è il sempre presente. È nell'Eucaristia, nel tabernacolo, a tal punto da poter essere oltraggiato.

Questo deve lasciarci stupiti e anche allibiti. Cristo è nelle nostre mani. Pensate a quanti sacrilegi nei confronti dell'Eucaristia. Cristo permette questo contro di sé. Noi non permettiamo che alcuno ci disturbi. Ecco l'Eucaristia come logica di dono, come logica di presenza, come logica di servizio, per dire che abbiamo bisogno di fare la strada insieme nella vita. Insieme come compagni di viaggio tra noi e insieme al grande compagno di viaggio che è lui.

Abbiamo bisogno di nutrirci ci lui sempre. Ogni qualvolta partecipiamo alla Messa dobbiamo sempre fare la comunione. Giovanni Paolo II sottolineava che i fedeli hanno smarrito il legame tra il sacramento della confessione e quello della comunione. Questo significa – come accade anche nelle nostre parrocchie – che tanta gente si comunica, non altrettanta gente si confessa. Ci si comunica confessandosi. E ci si comunica sempre. Quando non si è in grazia di Dio bisogna provvedere a confessarsi quanto prima. Quando si è invitati a un banchetto raramente capita di dire di essere indisposto e quindi di non mangiare. Se si è indisposti non si va al banchetto. Un tempo quando si partecipava ai festini, che non erano realtà frequente come ai nostri tempi, addirittura alcuni si purgavano prima per avere una capacità di assimilazione totale di ciò che gli veniva dato. Possiamo rassomigliare a questo il sacramento della confessione. Purgati prima così sei libero e puoi nutrirti di Gesù. Devi farlo perché è il pane che ti dà la forza di amare. È da lui che noi attingiamo la forza per vivere secondo il vangelo. non certo dalle nostre buone volontà che, per quanto ammirevoli, lodevoli, sono sempre segnate dall'egoismo.

Ritorniamo a riscoprire la centralità del sacramento nella nostra vita. E anche durante la giornata, la settimana, sostate qualche volta in chiesa, in qualsiasi chiesa, ad adorare la presenza del sacramento. Gesù è lì per noi per dirci: guarda che cosa ho fatto per te? Ho donato la mia vita, il mio corpo, il mio sangue. Come stai organizzando la tua vita? Stai amando, stai donando, stai servendo? O ti stai chiudendo a riccio nei tuoi piccoli, angusti interessi che finiranno per far morire la vita in te, per farti perdere il gusto della vita? Allora apriti alla gioia del dono. Nutriti del pane della vita e continua il cammino secondo questa logica di donazione e di servizio.

Capitolo VI

L'Eucaristia, il sacramento dell'umiltà di Dio

Ogni espressione religiosa dei diversi popoli che popolano la terra celebra il proprio Dio con una specifica azione di preghiera, di culto. Per noi cristiani l'atto di culto che identifica la nostra stessa fede è la celebrazione della Messa.

A differenza delle altre religioni in cui l'atto di culto è un'azione che parte dal basso, cioè dal desiderio dei fedeli di innalzarsi verso Dio – pensiamo ai tanti sacrifici animali che si consumano presso le diverse religioni; anche la religione ebraica offriva a Dio vittime animali - , la nostra fede non parte dal basso, ma scende dall'alto perché è Gesù stesso ad averci consegnato questo atto di culto nel momento in cui ha detto: Fate questo in memoria di me.

Per cui l'Eucaristia non è qualcosa che noi presentiamo a Dio, ma è qualcosa che noi accogliamo da Dio, cioè la presenza stessa di Gesù. Per questo nel cuore di ogni celebrazione noi pronunciamo un'esclamazione. Subito dopo le parole di consacrazione del celebrante noi diciamo: Mistero della fede! Perché esclamiamo con questa espressione? Noi di solito all'idea di mistero associamo qualcosa di incomprensibile, di imperscrutabile, di non adeguato alla nostra umana ragione. Non è questo il significato della parola mistero. La parola mistero significa: ecco, qui sull'altare, c'è qualcosa di straordinario. C'è un progetto. C'è un disegno di Dio che tu progressivamente devi scandagliare, devi scoprire. Per cui l'altare diventa come una cattedra per la nostra vita. In quel pane e in quel vino c'è il senso stesso della nostra esistenza.

È questo il motivo per cui nonostante la Messa venga celebrata in ogni momento e in ogni angolo della terra, la chiesa sente il bisogno di riservare una domenica particolare alla celebrazione di questo mistero perché noi credenti diveniamo sempre più consapevoli della nostra identità. Nel corpo e sangue di Gesù consacrati sull'altare c'è il senso della nostra vita.

Che cos'è l'Eucaristia? Qual è la definizione più essenziale che possiamo dare dell'Eucaristia? Ciascuno di noi ricorda le definizioni del catechismo. È l'atto di culto attraverso cui si ripresenta il sacrificio della passione, morte e risurrezione di Gesù. Nell'Eucaristia è presente Gesù col suo corpo, col suo sangue, con la sua anima, con la sua divinità. Sono definizioni che abbiamo appreso dal catechismo.

Ma c'è una definizione che a me piace più di ogni altra. È la definizione che dava S. Francesco d'Assisi del sacramento dell'Eucaristia. S. Francesco diceva che l'Eucaristia è il sacramento dell'umiltà di Dio. Un'intuizione che solo S. Francesco poteva avere, perché egli è uno dei geni religiosi più acuti che l'umanità abbia mai avuto. Non a caso è apprezzato anche da credenti di altre religioni, musulmani, buddisti. Tutti conoscono S. Francesco. Cosa voleva dire con questa espressione: l'Eucaristia è il sacramento dell'umiltà di Dio?

Significa che in quel pezzo di pane e in quel po' di vino Dio si è come compresso, si è reso piccolo, minuscolo, si è essenzializzato. L'infinito, l'onnipotente, il grande si è reso quasi invisibile in un pezzo di pane e in un po' di vino. Da questo punto di vista l'Eucaristia diventa la massima manifestazione della storia dell'umiltà di Dio.

Io sono solito dire che noi uomini non possiamo essere umili. Solo Dio può esserlo. Può sembrare strano. Ma essere umili significa che da grandi bisogna farsi piccoli. Noi siamo già piccoli. Il guaio è che spesso crediamo di esser grandi. Per cui l'esercizio dell'umiltà è un esercizio tipico esclusivamente di Dio. Tant'è vero che da grande si fa piccolo. A Natale che cosa celebriamo? Il mistero dell'umiltà di Dio. Sulla croce che cosa celebriamo. Egli che era Dio – dice S. Paolo – non considerò un tesoro geloso la sua uguaglianza con Dio, ma prese la forma di servo sulla croce.

Qualche tempo fa c'è stata la grande polemica sul crocifisso nei luoghi pubblici da parte di qualche musulmano che ha disprezzato il crocifisso. Non fraintendetemi, non potevano dire altro. È inconcepibile che un Dio possa così rendersi servo. Questo è tipico solo della nostra fede cristiana. È un Dio che fa una carriera in discesa. È un'idea strana di carriera. Per noi le carriere sono tutte in salita. Ma Dio non aveva bisogno di salire. Era Dio. Aveva bisogno di scendere. Ma non per se stesso. Come diciamo nel Credo? *Per noi e per la nostra salvezza discese dal cielo.*

Questa discesa in picchiata comincia con l'Incarnazione, continua con la croce e finisce nel sacramento l'Eucaristia. È un pezzo di pane che racchiude la presenza grandiosa di Dio. L'Eucaristia è il tesoro della chiesa. È ciò che ci identifica come credenti. Esser cristiani significa andare a Messa. Diventare prete popolarmente si dice prender Messa. È la Messa che identifica la nostra fede perché è lì il cuore, il centro della nostra espressione religiosa.

C'è questo atto di umiltà di Dio, di accondiscendenza verso noi uomini nei segni del pane e del vino. Perché nel pane e nel vino? Perché proprio in un atto legato, associato al fatto di dover mangiare? Perché noi esseri umani abbiamo sempre fame. Abbiamo fame di tante cose. Abbiamo fame non solo di pane materiale. Abbiamo fame di affetto, di amore, di amicizia, di cultura, di sapere, e poi man mano si perverte. La perversione della fame è la voracità, l'ingordigia, con le sue manifestazioni nella brama di possesso, di accumulo, di consumo, di ricchezza.

La fame è ciò che meglio esprime la nostra condizione umana. È anche l'aspetto che ci qualifica. Non a caso dal modo in cui noi sappiamo stare a tavola, esprimiamo il nostro livello di civiltà. I primi richiami che si fanno ai bambini quando stanno a tavola insieme riguardano proprio il galateo del mangiare, l'autocontrollo nella masticazione, nella voracità perché è lì che si gioca la nostra umanità.

In fondo il primo peccato dell'uomo cominciò con l'atto del mangiare. Eva vide che il frutto era buono, lo prese, lo portò alla bocca e lo mangiò. Gesù ci consegna un modo nuovo di mangiare. Consegno a voi un senso nuovo del mangiare. Attraverso il sacramento dell'Eucaristia noi scopriamo non solo l'identità di Dio, ma quella che dev'essere la nostra identità. Certo, continueremo ad aver fame. È giusto che abbiamo fame. Però si tratta di capire di che cosa dobbiamo saziarci, che cosa veramente riempie il nostro cuore, oltre che il nostro ventre.

Gesù ci fa capire qualcosa di importante, anche attraverso il brano il Vangelo della moltiplicazione dei pani. Notate l'atteggiamento degli apostoli. È un atteggiamento che anche la Chiesa, di tanto in tanto, è tentata di vivere. Forse anche noi. Noi ci siamo abituati a dividere il materiale dallo spirituale. Di solito vediamo in antagonismo queste due realtà. Una cosa sono le realtà dello spirito, un'altra le realtà del corpo. E quasi sempre le vediamo in conflitto. La stessa cosa hanno fatto i discepoli di Gesù.

Gesù ha parlato per un'intera giornata. Ha predicato la parola, ha compiuto miracoli, ha ammaestrato le folle. Sta per calare il sole. Si trovano in un luogo deserto. I discepoli suggeriscono a Gesù di congedare la folla perché vada a procurarsi da mangiare. Come per dire: Caro Maestro, basta con le cose spirituali. Questi hanno pur fame. Qui li teniamo a morire nel deserto. Cerchiamo di lasciarli liberi perché abbiano a provvedere per il necessario.

Gesù consegna agli apostoli una provocazione. Dice: Dategli voi stessi da mangiare. Se fate bene l'analisi grammaticale di questa frase significa due cose. Può significare sia: datevi da fare voi a trovare il cibo per questa gente. Ma significa anche: offrite il vostro corpo in cibo. È in fondo ciò che fa Gesù. Gesù da se stesso a noi da mangiare. Questo è il senso profondo dell'Eucaristia. Dio in Gesù si offre a noi in cibo per dirci: guarda che tu essere umano, è vero che avverti un'infinità di stimoli di fame: fame di cose, fame di tante altre realtà. Ma ricordati che la fame vera è la fame di Dio. Se tu saprai aprire il cuore a Dio e saprai saziarti di lui, riuscirai a dare senso alla tua vita. L'Eucaristia è il nutrimento per l'uomo, per la sua vita.

Gesù dando se stesso in nutrimento per noi, ci insegna anche il modo nuovo di vivere la nostra convivenza. Dicendo agli apostoli: Date voi stessi da mangiare, è come se dicesse: preoccupatevi di diventare voi pane per gli altri.

Chi si nutre dell'Eucaristia diventa come l'Eucaristia, pane per gli altri. Ciò significa che non c'è più spazio per l'egoismo. Non c'è più spazio per la voracità. C'è solo spazio per un atto continuo di oblatività, di offerta. È il miracolo che guarisce l'ingiustizia del mondo.

Ecco perché abbiamo letto che tutti mangiarono e si saziarono e avanzarono dodici ceste piene. Questo è il miracolo. Il miracolo nasce dalla nostra capacità di lasciarci trasformare da ciò che mangiamo qui all'altare del Signore. Noi mangiamo il Corpo di Ccristo. Se ci lasciamo trasformare anche noi in corpo offerto per gli altri, l'umanità guarisce da ogni ingiustizia.

Miei cari, noi abbiamo una grande responsabilità quando ci facciamo la comunione. Fare la comunione significa diventare strumenti di comunione per gli altri, strumenti di giustizia per gli altri. Significa portarci nel cuore il tormento di tanta umanità che non ancora ha mangiato e non ancora è sazia. Ed è innumerevole la schiera di uomini che non ancora ha mangiato e non ancora è sazia, perché noi non siamo tutti uomini e donne di comunione.

Fare la comunione non è un atto intimistico, in un a tu per tu con Gesù. Fare la comunione significa entrare in una relazione di amore con Cristo che ti dice: io mi sono offerto a te in cibo, tu ora, con la potenza di questo sacramento, ti offrirai in cibo per gli altri. Sarai buon pane per gli altri. Per cui cercherai di essere uomo di condivisione, uomo di comunione, uomo di riconciliazione, uomo di giustizia, uomo di servizio, uomo di umiltà. Fino ad accettare di scomparire dalla scena, purché gli altri vivano dignitosamente. Questa è la logica dell'Eucaristia. S. Francesco l'aveva ben compresa e per questo parlava di sacramento dell'umiltà di Dio.

La grave preoccupazione che deve tormentarci è il sapere che è proprio l'Occidente cristiano a lasciare nella fame e nella miseria una considerevole fetta di umanità. Dovremmo sentire pendere su di noi questa spada di Damocle perchè al momento del giudizio universale non potrà avere attenuanti. Potremmo essere stati gli uomini e le donne più devoti, più spirituali, ma non potremo sfuggire alla severe parole del Giudice universale: *Avevo fame e non mi avete dato da mangiare, Avevo sete e non mi avete dato da bere.*

Capitolo VII

Man hu, che cos'è? È il pane per il cammino della vita

Gli israeliti, di fronte al dono della manna, espressero questa domanda: Man hu? Che cos'è? Attualizzando questa domanda e rivolta all'Ostia santa possiamo rispondere che quell'Ostia santa è il pane della presenza di Dio in mezzo a noi e il pane della fraternità.

Ora è il profeta Elia che aiuta ancora a interrogarci: che cos' quel pane che noi adoriamo? E possiamo subito rispondere: è il pane del cammino. Il cammino è la metafora della nostra vita. L'esistenza è un itinerario, un percorso, talvolta segnato da soste, da pause, da cadute, da ritorni sui propri passi, da deviazioni, da smarrimenti, da difficoltà, da ostacoli. Tutto questo è racchiuso nella metafora del cammino.

Ma più di ogni altra cosa il camino stanca. Camminare e camminare a lungo fa affaticare, stanca. È l'esperienza che fa Elia. È molto stanco. La stanchezza di Elia non è una stanchezza fisica. È l'accumulo di prove estenuanti a cui la vita lo ha sottoposto. È così stanco che è desideroso di morire.

In questo desiderio di Elia noi ritroviamo la nostra umanità quante volte durante il cammino della vita diciamo al Signore: vorrei morire. Avvertiamo la pesantezza del cammino. Talvolta non intravediamo il senso del cammino, la meta del cammino. E dentro di noi, se non in maniera esplicita, almeno in forma inconfessata – quando affiorano certi sentimenti abbiamo pudore a narrarli a noi stessi, e comunque si affacciano – siamo anche noi, come Elia, desiderosi di morire.

Perché Elia giunge a questa condizione che in gergo contemporaneo potremmo definire sindrome depressiva. Vuole morire, vuole lasciarsi andare. È venuto vincitore da una battaglia. Ha lottato contro più di 400 sacerdoti della divinità pagana di Baal, erano i sacerdoti sponsorizzati dalla regina Gezabele, moglie del re Acab, donna crudele, beffarda e sacrilega. Voleva distruggere la fede di Israele, introducendo pratiche pagane presso il popolo.

Elia non aveva esitato a sfidare questa corte sacerdotale della regina sul monte Carmelo. Ne era uscito vittorioso a tal punto che il re Acab si era convinto della bontà della fede di Israele e aveva cominciato anch'egli un cammino di conversione. Israele stava recuperando la fede, ma la moglie di Acab, Gezabele, ha nuovamente un rigurgito di follia, vuole perseguitare il profeta, e vuole ucciderlo. Non ci sono altri modi per sbarazzarsi degli individui ingombranti se non attraverso l'assassinio. Gezabele vuole uccidere Elia.

Elia, che non ha la vocazione del martire, ha subodorato queste strategie malefiche di Gezabele e si mette in fuga, scappa. Anche qui Elia è molto umano. Non è un masochista. Non è uno che si offre volontario al martirio. È un uomo che vuole servire Dio, ma possibilmente vuole anche salvarsi la pelle.

In tutto questo è combattuto, ma anche molto abbattuto. A tal punto che dice a Dio: ora basta. Prendi la mia vita perché io non sono migliore dei miei padri. Si coricò e si addormentò sotto il ginepro. È la descrizione tipica di un depresso che si lascia andare al sonno, che vuole fuggire. La sua non è solo una fuga fisica, materiale, dal pericolo, ma è un'evasione dalla vita. Quella evasione che anche noi tante volte tentiamo di fare. Tutti noi siamo in fuga dalla vita. E ciascuno di noi trova il suo ginepro presso cui addormentarsi.

Allora ecco un angelo lo toccò e gli disse: Alzati e mangia. In questa proposta c'è l'invito a ricominciare. Alzati. È il verbo della risurrezione. Risorgi, destati da questa situazione di prostrazione. Reagisci e mangia. Sostieniti, nutriti, riprendi le forze. Rinvigorisciti.

Egli guardò e vide vicino alla sua testa una focaccia cotta su pietre roventi e un orcio d'acqua. Mangiò e bevve. Quindi tornò a coricarsi. Elia non ha capito bene l'antifona. Non deve mangiare solo per nutrirsi. Non deve mangiare solo per soddisfare il bisogno primario della fame. Deve mangiare perché deve ancora lottare. La vita lo chiama a proseguire il combattimento. Ma ancora si prostra. Si lascia risucchiare da questo vortice di buio che avvolge la sua vita in questo momento.

Venne di nuovo l'angelo. Lo toccò e gli disse: Su, mangia perché è troppo lungo per te il cammino. Non ci siamo capiti: devi mangiare perché hai ancora molto da camminare. Non è finita qui per te. Non puoi tirare i remi in barca, Dio ha ancora bisogno di te.

Si alzò, mangiò e bevve; con la forza datagli da quel cibo camminò per quaranta giorni e quaranta notti fino al monte di Dio, l'Oreb.

In questa immagine stupenda, da sempre gli antichi scrittori cristiani hanno ravvisato in anticipo il senso del sacramento dell'Eucaristia. Il pane del cammino. Con la forza datagli da quel cibo, camminò per quaranta giorni. Il numero quaranta nella sacra scrittura è un numero altamente simbolico e significa che c'è ancora un lungo periodo di prova da vivere. C'è ancora da combattere. Ma in questo combattimento non vieni lasciato solo. Dio è con te. E come Dio ti è stato vicino attraverso il gesto amabile e sensibile dell'angelo che ti ha toccato, adesso Dio ti abita dentro con la forza di un cibo che racchiude la sua stessa presenza, la sua stessa energia.

Allora che cos'è quel pane che noi contempliamo? È la forza per il cammino della nostra vita. È il farmaco dell'immortalità. È la medicina per contrastare il potere della morte. Non solo di una morte fisica. In quel pane c'è il corpo del risorto. Per cui nutrendoci di quel pane accogliamo dentro di noi la caparra della risurrezione. Ma è anche farmaco di immortalità perché noi attraverso quel pane arginiamo tutte le potenze di morte che si affacciano nella nostra vita con i diversi nomi.

È morte la tentazione dell'abbattimento. È morte tentazione della resa. È morte la tentazione di sentirsi falliti. È morte la tentazione di sentirsi inadeguati. È morte la tentazione della rassegnazione. Sono i diversi volti della morte. Noi ci nutriamo dell'eucaristia e riceviamo il farmaco, la medicina, l'antidoto per neutralizzare la potenza della morte. Per risorgere e continuare a camminare. Alzati e cammina.

Tutto questo è espresso nella dinamica stessa della liturgia eucaristica. Nel momento in cui concludiamo la liturgia e siamo invitati a congedarci dall'assemblea, in quel momento inizia l'azione di efficacia di questo farmaco di immortalità, che vedendoci protagonisti nei diversi ambiti di vita, ci sostiene nella lotta, nella battaglia, nel cammino della vita, nei quaranta giorni della vita, cioè nei duri tempi della prova.

Nutrirci dell'Eucaristia non è un fatto facoltativo. Nutrirci dell'Eucaristia per noi è fatto essenziale. Senza questo nutrimento noi cadiamo in depressione. In una sorta di anoressia spirituale, la mancanza del senso di Dio, del desiderio di Dio.

Quando nella nostra vita non è più vivo il desiderio di Dio, si affaccia il desiderio della morte. La parola di Dio, in maniera acuta usa questo aggettivo: desideroso di morire. Abbina due concetti estremamente opposti: il desiderio, che è la forza vitale dell'uomo, lo abbina con la morte. Questo desiderio si perverte nel suo contrario quando lo svuotiamo di Dio. È l'esperienza che vive l'umanità contemporanea.

Le tante espressioni di morte che popolano la nostra cultura sono il segno di questa facoltà umana, la facoltà del desiderio, svuotata di Dio, riempita di tante altre cose che poi producono la nausea e la nausea non ti fa desiderare altro che morire.

Chiediamo a Gesù Eucaristia che tenga sempre desto dentro di noi il desiderio di Lui. Ci faccia avvertire una santa inquietudine ogni qualvolta siamo tentati di mettere a tacere questo desiderio. Soprattutto ci dia la consapevolezza che la fatica della vita non possiamo affrontarla fidando esclusivamente sulle nostre forze, sulle nostre abilità, sulle nostre capacità. Abbiamo bisogno di lui, del suo pane di vita. Così da rialzarci dall'ombra dei nostri ginepri, rimetterci in cammino e giungere al monte di Dio, l'Oreb.

È il compimento della vita: godere della visione di Dio. È ciò che dice s. Agostino: ci hai fatti per te, Signore, e il nostro cuore è inquieto finché non riposa in te. Finché non giunge sulla vetta dell'Oreb. Ci hai fatti per te. Lo dice anche s. Tommaso d'Aquino; Dio ci ha fatti per amarlo, servirlo, glorificarlo quaggiù e per goderlo nella vita eterna. Il Signore tenga desto dentro di noi questo desiderio di goderlo e, strada facendo, ci sostenga con il pane del cammino per saper portare il peso delle amarezze che la vita talvolta con una prodigalità insuperabile riserva a ciascuno di noi.

Capitolo VIII

Man hu, che cos'è? È il pane della sapienza

Abbiamo in questo breve tratto di strada delineato un piccolo percorso di approfondimento del sacramento dell'Eucaristia. dapprima, prendendo spunto dalla domanda che gli israeliti pongono dinanzi al fenomeno della manna, esclamando: Man hu?, che cos'è? ci siamo interrogati anche noi. Ci siamo chiesti che cos'è questa fetta di pane che è dinanzi a noi. Abbiamo risposto dicendo che è il pane della presenza di Dio e il pane della fraternità. Poi, riflettendo sull'esperienza spirituale del profeta Elia abbiamo detto che è il pane del cammino. Infine, attraverso un suggestivo brano del libro dei Proverbi, cercheremo di cogliere un'altra dimensione dell'Eucaristia: il suo essere pane di sapienza.

Il brano dei Proverbi, forse per nulla noto alla nostra conoscenza, attraverso immagini simboliche, ci presenta una ricchezza di significati. È tratto dal capitolo 9. Nei primi sei versetti, quelli proclamati, si presenta la personificazione della sapienza. Nei versetti successivi c'è la personificazione della stoltezza. Intuite che sono i due poli entro cui si snoda spesso, oscillando come un pendolo, la nostra esistenza.

Da una parte desideriamo, inseguiamo, cerchiamo di vivere sapientemente, dall'altra, non rare volte e forse anche inconsapevolmente, ci ritroviamo ad essere stolti. Vogliamo guardare a Gesù e vogliamo dirgli come bisogna vivere per essere sapienti. La lettura ci parla di una personificazione della sapienza. La sapienza si è costruita la casa. La parola greca ci fa riandare al brano del prologo giovanneo che sentiamo proclamare nel giorno di Natale, all'espressione tanto nota quanto intensa, e spesso incomprensibile: *"E il Verbo si fece carne e venne ad abitare in mezzo a noi"*. La sapienza è il Logos. È la seconda persona della Ss. Trinità. È Gesù nella sua dimensione di incarnazione.

I più anziani ricorderanno che fino a prima del concilio, ogni messa cominciava con la proclamazione del prologo di Giovanni. L'evento dell'incarnazione stava per diventare attuale nell'Eucaristia, il luogo attraverso cui Cristo continua a entrare nella nostra storia. L'eucaristia è il luogo della presenza del Cristo risorto, ma anche del

Cristo uomo, del Cristo incarnato.

È bello constatare che tutto questo è ancora presente nelle diverse tradizioni confessionali della chiesa. Nella tradizione orientale ogni eucaristia comincia con la proclamazione della risurrezione. Questo ci fa capire la ricchezza del mistero eucaristico. Nell'eucaristia c'è il Cristo nato, il Cristo che ha patito, il Cristo che è morto, il Cristo che è risorto. Questa è la sapienza che si è costruita la casa.

Questa sapienza ha intagliato le sue sette colonne. È il richiamo al tempio di Salomone, il Sapiente. Le sette colonne reggevano il tempio. Cristo è il nuovo tempio allora. Il numero sette allude alla perfezione. Ora noi incontriamo Dio in un tempio nuovo che è Cristo. Andiamo subito con la mente alle parole di Gesù dette alla samaritana: *"Maestro, i nostri padri ci hanno detto di adorare Dio sul monte Garizim, altri lo adorano a Gerusalemme. Dove possiamo incontrarlo, dove possiamo adorarlo?"*. Gesù dice che è venuto il tempo di adorare Dio in Spirito e Verità. È Cristo il luogo dello Spirito e della Verità. Infatti dirà di sé: Io sono la Via, la Verità e la Vita.

In Cristo noi ci mettiamo in comunione con Dio. È lui lo spazio, il luogo in cui noi abbiamo accesso a Dio. Cos'altro ci ha detto questa lettura del libro dei Proverbi? La sapienza ha imbandito la tavola. Ha mandato le sue ancelle a proclamare sui punti più alti della città: Chi è inesperto accorra qui.

È Cristo che viene a illuminare gli uomini, a dire: Ecco, voi siete in cerca di sapienza. Sono io che vi imbandisco la mensa. Attingete da me. Che cos'è la sapienza lo comprendete dall'abbinamento col pane. Sapienza ha la stessa assonanza linguistica di sapore. La sapienza è il gusto della vita.

L'Eucaristia è il sacramento attraverso cui noi attingiamo il gusto della vita. Cristo da gusto alla vita. Chi è inesperto accorra qui. A chi è privo di senno dice: Venite, mangiate il mio pane, bevete il vino che io ho preparato. Abbandonate la stoltezza e vivrete.

Che cos'è la stoltezza? Ce lo dice la Bibbia. Un salmo dice: lo stolto pensa: Dio non esiste. Essere stolti significa vivere senza Dio. Vivere senza Dio significa inseguire un gusto della vita fondandoci sui surrogati di felicità. Questa è la crisi della nostra civiltà gli uomini si vanno sempre più convincendo, anzi illudendo, di poter dare sapore all'esistenza come se Dio non c'entrasse nella loro vita. Attingono da tante altre mense imbandite, ma non la mensa imbandita da Cristo. Sono le diverse mense imbandite che la nostra società offre.

La nostra è una società che offre tanto. Ricordo l'espressione di un anziano che diceva: la miseria è terribile – lo diceva perché l'aveva provata, l'aveva vissuta sulla sua pelle – però l'abbondanza è dieci volte più terribile. Perché? Infatti dice la Sacra scrittura che l'uomo nella prosperità non intende. Diventa privo di intelligenza come il mulo.

Diventare privi di intelligenza non è un fatto cognitivo. È la incapacità di cogliere l'interiorità delle vita. Intelligenza significa intus-legere, leggere dentro. Privarsi di essa significa sbilanciarsi sul versante della esteriorità. Significa cadere nella trappola che tutto ciò che io posseggo, tutto ciò che io manipolo, tutto ciò che io vedo, tutto ciò che passa attraverso il soddisfacimento dei miei sensi mi rende felice. Questa è stoltezza.

Abbandonate la stoltezza e vivrete. Andate diritti per la via dell'intelligenza. Imparate a cogliere l'interiorità della vita. Questa interiorità possiamo coglierla nella misura in cui ci nutriamo di cristo nutrirsi di Cristo non significa solo fare la comunione. Significa far diventare la sua sapienza, la sua logica la nostra logica, la sua parola contenuto delle nostre parole, la sua lieta notizia, il Vangelo, la fonte della nostra gioia, della nostra felicità.

Mentre contempliamo l'Eucaristia, mentre ci nutriamo dell'Eucaristia, noi esprimiamo al Signore soprattutto questo grande desiderio di gusto della vita. Oggi questo è il grave dramma dell'umanità. Lo si scrive sui giornali, sulle riviste, lo si proclama dai tanti pulpiti. Oggi il grande dramma degli uomini del nostro tempo è che non sanno dare più senso alla vita. Non sano più vivere la vita con il sapore in bocca, con l'acquolina in bocca.

Quando ci svegliamo al mattino dovremmo sentire l'acquolina in bocca di un'altra giornata da vivere con entusiasmo, con gioia, sapendo di doverci stancare. La stanchezza è l'esperienza più bella della vita. Quando andate a letto e non siete stanchi, preoccupatevi. Vuol dire che non avete né amato nè lavorato. A chi non ama e a chi non lavora, strada facendo la vita viene a nausea.

Chi non si stanca rischia di stancarsi della vita. Sembra un paradosso. Ma non lo è, perché si entra nel tedio,m nella noia, nell'apatia, nel non senso. L'eucaristia, la parola di Gesù, la forza del suo pane, del suo sacramento, sono per noi il gusto della vita per affrontarla con vigore, con slancio, con adesione del cuore, della mente, della volontà. Con aggressività. Non vi spaventi questo termine. L'aggressività è un dono di Dio. Aggredire viene dal latino e significa uscire da per tuffarsi sulla vita. Significa liberarsi dalla mollezza, come dice s. Paolo, dalla noia. Significa avere la virilità tipica di chi si porta in corpo il pane della sapienza e soprattutto di chi deve gridarlo agli altri. La Sapienza ha mandato le sue ancelle a proclamare sui punti più alti della città: chi è inesperto accorra qui. È la gioia della testimonianza che dovremmo avvertire nei confronti degli altri. È la gioia che provò la samaritana che corse dai suoi concittadini. Si liberò dalla paura, dalla vergogna, dal tabù dei suoi strascorsi e gridava a tutti che aveva trovato il maestro che aveva saputo dirle tutto di lei. Non significa che le aveva cantato la vita, ma che finalmente le aveva fatto capire il senso della vita. Le aveva restituito il gusto dell'esistenza.

Noi attraverso l'incontro con l'Eucaristia, attraverso la familiarità con la parola di Gesù recuperiamo questo sapore della vita e diventiamo uomini saggi dispersi per le strade del mondo a liberare gli uomini dalla stoltezza. È questo il rischio dell'umanità contemporanea. Leggevo con rammarico la descrizione che un sociologo dei nostri tempi fa dei giovani contemporanei. Già il titolo dell'articolo mi indignava: elogio della stupidità. Descriveva certi atteggiamenti tipici delle giovani generazioni che attestano questa tenacia nel voler perseguire la stupidità a tutti i costi. Noi cristiani, avvertendo la sollecitudine per tutti i nostri compagni di viaggio, dovremmo poter dire: venite alla mensa imbandita dal Signore. Lui ci insegna la sapienza. La sapienza si è costruita la casa. Anzi, ha messo le sue colonne, le sue fondamenta dentro di te. Tu sei il Cristo sapiente che cammina per le strade del mondo. Lascia che tutti si sfamino al pane della tua vita perché le tue parole, il tuo stile di vita, il tuo esempio, la tua testimonianza diventino pane per la fame di tutti.

Eucaristia e trasfigurazione esistenziale

Il gesto di Gesù della cena riprende tutto il cammino precedente e anticipa quello successivo. Ci riferiamo al gesto del pane e del vino, ma anche al gesto della lavanda dei piedi. Il rito assolve a questa funzione: dire in qualche modo quello che le parole non potrebbero, e tuttavia, non può essere taciuto. Dire, o forse meglio, comunicare. Il tempo della cena è il tempo della separazione imminente del Maestro dai discepoli. Sempre il tempo produce per sua natura anche una separazione; la sua distensione, e quindi la distanza che introduce tra i singoli momenti del vivere, pare come lacerare ogni vincolo di prossimità realizzato nell'istante. Il rito dev'essere inteso come la forma nella quale si realizza la sintesi del tempo, e dunque il suo compimento.

Fa impressione il fatto che tutti i racconti dell'ultima cena mettono l'istituzione dell'eucaristia in rapporto con il tradimento. Paolo comincia: "Nella notte in cui veniva tradito…" Gli evangelisti aggiungono che Gesù sapeva di questo tradimento. Lo annunciò prima di istituire l'eucaristia. "In verità vi dico: uno di voi mi tradirà". Era iniziata la catena degli eventi che avrebbe portato Gesù alla condanna e alla morte infame. Tutto questo cominciava a mettersi in moto e Gesù ne era consapevole. In che maniera Gesù adoperò i suoi ultimi momenti, sapendo che il suo ministero di dedizione generosa a Dio e ai fratelli stava per essere brutalmente interrotto da quel tradimento? La colpa più odiosa, più contraria al dinamismo di alleanza. Quale fu reazione di Gesù? Quale sarebbe la reazione umana da aspettarsi in una circostanza del genere? Gesù ha superato la sua tristezza e invece di rinunciare al suo atteggiamento generoso, l'ha spinto fino all'estremo. Ha anticipato la propria morte, l'ha resa presente nel pane spezzato e nel vino versato e l'ha trasformata in sacrificio di alleanza.

Non è possibile immaginare una generosità più alta, né una trasformazione più radicale dell'avvenimento. Quando i teologi parlano dell'eucaristia insistono di solito sulla trasformazione del pane nel corpo di Cristo e del vino nel suo sangue e la chiamano transustanziazione. Certamente è una cosa essenziale senza la quale non ci sarebbe il sacramento, però mi pare che dovremmo essere più attenti ancora a un'altra trasformazione più stupenda, più esistenziale, più importante per la nostra vita: la trasformazione di una morte ingiustamente subita in istituzione di alleanza, in dinamismo di comunione. Abbiamo il capovolgimento completo.

Di per sé la morte è esattamente l'inverso di un mezzo per stabilire l'alleanza, per propagare la comunione. Infatti, la morte è rottura delle relazione. Questa convinzione viene espressa in molti testi dell'AT. Adesso non possiamo più avere questa convinzione in maniera tanto forte proprio perché Gesù ha cambiato la situazione nell'ultima cena. Per questo motivo non vediamo più la morte come la si vedeva nell'AT.

Prima dell'istituzione dell'eucaristia la morte appariva come un evento completamente negativo di rottura di tutte le relazioni. È chiaro che la morte rompe le relazioni fisiche con le altre persone umane. Non è più possibile comunicare con un morto. Non serve parlare a un morto. Non si può chiedere un servizio a un morto. Nei salmi si insiste su questa rottura delle relazioni. (cfr. Salmo 88)

Nell'AT la morte rappresentava anche la rottura con le relazioni con Dio. Se ne aveva una viva consapevolezza. La morte castigo del peccato, ultima conseguenza del peccato, grado estremo di rottura tra la persona umana e Dio.

Nell'AT i fedeli percepivano un contrasto assoluto tra la santità di Dio e la corruzione della morte. Non vedevano nessuna possibilità di relazione tra questi due estremi: Nessuno tra i morti ti ricorda. Non i morti lodano il Signore. E tu dei morti non hai nessun ricordo. La rottura è completa. Non c'è più relazione né da una parte né dall'altra. È l'aspetto più tremendo della morte per le persone pie dell'AT (sheol).

L'aspetto di rottura era ancora più radicale quando si trattava di una morte subita come condanna. Un condannato è una persona volontariamente respinta dalla società. In altri casi quando muore una persona tutti sono in pena. Vorrebbero conservare la relazione ma non possono. Invece quando si tratta di un condannato a morte nessuno vuole conservare la relazione. Al contrario, la si vuole rigettare. Proprio a questo fine il condannato è consegnato alla morte, è giustiziato, perché sia rotta in maniera radicale ogni relazione con noi.

Se la condanna veniva fatta secondo la legge di Mosè la condanna significa inoltre maledizione da parte di Dio. "Cristo ci ha riscattati dalla maledizione della legge, diventando lui stesso maledizione per noi, come sta scritto: «Maledetto chi pende dal legno»" (Gal 3,13).

Gesù il giovedì santo ha anticipato l'evento terribile della sua morte e ne ha fatto il mezzo per istituire la nuova alleanza. Un capovolgimento incredibile. Usare questo strumento di rottura per fondare l'alleanza, un dinamismo straordinario di comunione con Dio e con i fratelli. Circostanza più contraria alla fondazione di un'alleanza non si poteva immaginare. Gesù sapeva che sarebbe stato tradito, abbandonato da tutti gli apostoli, rinnegato da Pietro, accusato falsamente, condannato con la peggiore delle ingiustizie, schernito, rigettato, ucciso. E proprio questi eventi crudeli e ingiusti egli li anticipa nel momento dell'ultima cena e li trasforma in dono di amore, in offerta di alleanza.

Se ci pensassimo seriamente dovremmo restare completamente stupefatti. Purtroppo siamo così abituati all'eucaristia che non ci rendiamo più conto della straordinaria trasformazione operata da Gesù e della generosità di cuore che è stata necessaria per consentire questa trasformazione e per attuarla. Il cuore di Gesù ebbe questa generosità sconfinata.

Quando facciamo la comunione riceviamo in noi questa forza di amore, questo dinamismo stupendo che ci dovrebbe rendere capaci di superare tutte le difficoltà e tutte le situazioni più scabrose e di farne altrettante occasioni di progresso nell'amore, ci dovrebbe rendere capaci in particolare di amare i nostri nemici, come lo chiede Gesù nel discorso della Montagna. A maggior ragione amare le persone che ci hanno soltanto fatto qualche piccolo torto o reso qualche offesa. Dovremmo sempre, grazie alla forza dell'eucaristia, fare sovrabbondare l'amore e trovare la nostra gioia in questa vittoria continua dell'amore nella nostra vita.

Per poter essere ben radicati nella nuova realtà fondata nell'eucaristia, è necessario avere presenti due dimensioni: la dimensione verticale di relazione con Dio, e la dimensione orizzontale di fratellanza con tutti gli uomini. Nella fondazione dell'alleanza del Sinai la dimensione espressa è quella verticale (cfr. Es 24).

Nell'ultima cena invece la dimensione più appariscente è quella orizzontale di dono ai fratelli. Ogni comunione di mensa ha il significato di comunicazione tra le persone e di accoglienza reciproca, di relazioni amichevoli e fraterne. In questo contesto Gesù offre ai discepoli il suo dono, cioè il proprio corpo e il proprio sangue. "Prendete e mangiate… e bevete…" Gesù fa il dono completo di se stesso ai discepoli. Si tratta di una dimensione di comunione fraterna espressa nel modo più intimo che si possa immaginare.

Nel discorso di pane di vita Gesù dice: "Chi mangia la mia carne e beve il mio sangue dimora in me e io in lui" (Gv 6,56). Non si tratta quindi semplicemente di una giustapposizione di persone, si tratta di una interiorità reciproca. Cosa inimmaginabile prima di questa attuazione straordinaria. Notate che questo aspetto di comunione fraterna non si manifesta poi sul Calvario. È un aspetto che viene attuato da Gesù nell'ultima cena ma sul Calvario scompare. Gesù sulla croce muore per la moltitudine ma muore solo, respinto dalla moltitudine e abbandonato dai suoi apostoli (Mt 26,56; Mc 14,50). Invece nell'ultima cena Gesù sta con i suoi discepoli e dona se stesso ad essi. La dimensione orizzontale dell'eucaristia non si restringe a una relazione reciproca tra Gesù e ciascuno dei discepoli, singolarmente, ma comprende anche necessariamente la fratellanza a tutti discepoli. Lo dice chiaramente S. Paolo: "Poiché c'è un solo pane, noi, pur essendo molti, siamo un corpo solo: tutti infatti partecipiamo dell'unico pane" (1Cor 10,17).

Ai Corinzi Paolo dice che l'eucaristia è assolutamente incompatibile con l'individualismo e con l'egoismo (cfr. 1Cor 11,20-22). Egoismo ed eucaristia non possono andare insieme. Le divisioni, i contrasti, sono direttamente contrari al dinamismo di comunione. La comunione eucaristica è simultaneamente comunione al corpo di Cristo e comunione con le membra del corpo di Cristo.

La dimensione verticale è meno evidente eppure è essenziale, condiziona l'altra dimensione. Non ci può essere comunione fraterna se non c'è unione con il Padre celeste.

Dove si manifesta la dimensione verticale dell'eucaristia nel racconto dell'ultima cena? La risposta è che questa dimensione si manifesta prima dell'altra nella preghiera di Gesù che consiste in un rendimento di grazie. Gesù prese il pane, e avendo reso grazie, lo spezzò. In greco "dire grazie" è espresso con il verbo eucaristesan. La chiesa ha capito l'importanza fondamentale di questo gesto e di questa preghiera del Signore e ha scelto proprio questa parola per designare il sacramento: eucaristia. Così viene manifestata l'importanza fondamentale di questo aspetto.

Durante la sua vita Gesù ha spontaneamente avuto un atteggiamento filiale e di amore riconoscente. Un atteggiamento che corrisponde alla sua situazione di figlio. Il figlio riceve tutto dal Padre, ne è consapevole, lo riconosce con gioia e con gratitudine. Tanti passi dei Vangeli lo attestano, soprattutto Gv. I Vangeli ci riferiscono diversi casi in cui Gesù ha reso grazie in pubblico. Si tratta normalmente di situazioni nelle quali noi non avremmo pensato di ringraziare Dio, perché erano situazioni di mancanza, di sconfitta o di lutto.

Una situazione di mancanza, di carestia, quella che precede la moltiplicazione dei pani (Gv 6,11 e parr.). Si trattava forse non di ringraziare ma di mormorare come gli israeliti nel deserto. Con questo ringraziamento ha aperto la via all'amore del Padre e inaspettatamente i pochi pani bastano e avanzano.

In un'altra situazione: "In quello stesso istante Gesù esultò nello Spirito Santo e disse: «Io ti rendo lode, Padre, Signore del cielo e della terra, che hai nascosto queste cose ai dotti e ai sapienti e le hai rivelate ai piccoli. Sì, Padre, perché così a te è piaciuto. Ogni cosa mi è stata affidata dal Padre mio e nessuno sa chi è il Figlio se non il Padre, né chi è il Padre se non il Figlio e colui al quale il Figlio lo voglia rivelare»" (Lc 10,21-24). Gesù era stato criticato, la sua predicazione non era stata accolta dalla gente per bene, dai sapienti, dagli intelligenti. Gesù rende grazie al Padre, perché è piaciuto al Padre fare la rivelazione ai piccoli.

Un'altra volta il ringraziamento di Gesù è ancora più sorprendete: davanti alla tomba del suo amico Lazzaro (Gv 11,41-44): "Gesù allora alzò gli occhi e disse: «Padre, ti ringrazio che mi hai ascoltato. Io sapevo che sempre mi dai ascolto, ma l'ho detto per la gente che mi sta attorno, perché credano che tu mi hai mandato ». E, detto questo, gridò a gran voce: «Lazzaro, vieni fuori!». Il morto uscì, con i piedi e le mani avvolti in bende, e il volto coperto da un sudario. Gesù disse loro: «Scioglietelo e lasciatelo andare». Una preghiera completamente inaspettata in un momento in cui l'esaudimento non si è ancora manifestato per niente e sembrava impossibile".

Gesù rende grazie anche durante l'ultima cena. C'è un rapporto con la moltiplicazione dei pani. Si tratta di una preghiera all'inizio di un pasto. Si tratta di rendere grazie a Dio per il cibo che mette a disposizione. Quando hanno sentito che Gesù rendeva grazie, i discepoli l'hanno trovato un fatto molto naturale, ancor più perché questa volta il cibo bastava. Non era come nel deserto. C'erano soltanto pochi commensali. I discepoli hanno capito il significato immediato di questo rendimento di grazie.

Gesù stesso però sapeva benissimo ciò che stava per dire e per fare nel momento immediatamente successivo. Sapeva che il pane non sarebbe restato un pane ordinario, un cibo materiale e che il vino sarebbe stato trasformato in sangue di alleanza. Gesù vedeva che il Padre gli dava la possibilità di un dono incomparabilmente più grande, più sostanzioso, più generoso, il dono del pane celeste per comunicare la vita divina, il dono del vino dell'alleanza per stabilire la comunione.

Nel discorso sul pane di vita Gesù aveva annunciato questo dono del Padre dicendo: "In verità, in verità vi dico: non Mosè vi ha dato il pane dal cielo, ma il Padre mio vi dá il pane dal cielo, quello vero" (Gv 6, 32). Per Gesù il primo aspetto dell'eucaristia non è quello di essere un dono suo ai discepoli, bensì un dono del Padre celeste. Gesù ne è consapevole. Non pretende di avere lui l'iniziativa per questo dono meraviglioso.

E per questo rende grazie. Ti rendo grazie, Padre, perché per mezzo di questo pane che ora è nelle mie mani io stesso diventerò pane per la vita del mondo. Ti rendo grazie per avermi dato un corpo che potrò trasformare in cibo spirituale, di avermi dato il sangue che potrò trasformare in bevanda spirituale, di avermi dato un cuore pieno d'amore che desidera ardentemente fare questo dono completo per stabilire la nuova alleanza. Questo è il senso del ringraziamento di Gesù.

Gesù aveva detto: «il pane che io darò è la mia carne per la vita del mondo» (Gv 6,51). L'eucaristia è un dono per la vita del mondo. Gesù non limita il suo sguardo al piccolo gruppo che gli sta attorno, ma dice agli apostoli: "Fate questo in memoria di me". Pensa a tanta altra gente. Il suo ringraziamento si trova quindi all'origine di una nuova moltiplicazione non dei pani, ma del pane. Anche se non ebbe luogo subito, questa nuova moltiplicazione è più importante della moltiplicazione dei pani nel deserto. In realtà lo scopo principale della moltiplicazione dei pani nel deserto non era di sfamare qualche migliaio di persone ma di annunziare la moltiplicazione del pane eucaristico. Gli evangelisti hanno mostrato il rapporto tra queste due scene usando le stesse espressioni nei due casi. Gesù rendendo grazie pensa a questa moltiplicazione del pane. Padre mi unisco a te con immensa gratitudine perché tu fai di me il pane vivo dato per la vita del mondo, indefinitamente moltiplicabile a profitto di tutti.

Se paragoniamo il ringraziamento dell'ultima cena con quello che Gesù aveva fatto davanti alla tomba di Lazzaro a prima vista appaiono grosse differenze. Da una parte una preghiera fata all'aperto davanti a una tomba, dall'altra un pasto preso insieme all'interno del cenacolo. Sembra che non ci sia nessun rapporto. Però se riflettiamo un po' troviamo che in tutti e due i casi si tratta di affrontare la morte e di vincerla. Nel primo caso si tratta di affrontare la morte del suo amico Lazzaro. Nel secondo di affrontare la propria morte. In entrambi i casi egli rende grazie prima della vittoria sulla morte. Questo è impressionante e molto significativo. Davanti alla tomba di Lazzaro egli dice: "Padre, ti ringrazio perché mi hai esaudito".

Gesù prima del miracolo è sicuro di essere stato ascoltato dal Padre. Egli ottiene la vittoria sulla morte di un amico. Similmente nell'ultima cena Gesù ringrazia prima della morte, perché ha la certezza che il Padre gli darà la vittoria sulla morte. Padre, ti rendo grazie perché so in anticipo che mi dia la vittoria sulla morte. Ti rendo grazie perché tu hai messo nel mio cuore tutta la forza del tuo amore capace di vincere anche la morte trasformandolo completamente in occasione del dono più perfetto e più completo di me stesso. Grazie alla forza di questo amore il mio corpo diventerà, per mezzo della morte, il pane della vita e il mio sangue diventerà sorgente di comunione, sangue di alleanza. Tutti potranno usufruire di questo dono per mezzo dell'eucaristia. Per questo, Padre, ti rendo grazie. Vediamo che è un rendimento di

grazie che ha motivi molto forti e profondi. Gesù in anticipo ringrazia della sua vittoria sulla morte. Gesù ha capovolto il senso della morte.
Di un evento completamente negativo ha fatto un evento positivo. E l'ha potuto fare proprio perché ha reso grazie. Perché egli si è aperto completamente con amore filiale e riconoscente alla forza di amore che gli veniva dal Padre. Ed era capace di questa stupenda trasformazione. Possiamo dire che tutto il mistero pasquale dipende da questo primo momento di rendimento di grazie e apre l'essere umano di Gesù all'amore che viene dal Padre e mette in moto una straordinaria trasformazione dal di dentro.
È illuminante fare il paragone tra questo rendimento di grazie di Gesù e i sacrifici di rendimento di grazie dell'AT che erano frequenti. Si chiamavano sacrifici di lode o di ringraziamento. Lo stile normale vale ancora adesso. Una persona si trova in pericolo di vita, invoca Dio con preghiera intensa, promette un'offerta di ringraziamento se riuscirà a sopravvivere a questo pericolo. Liberata dal pericolo la persona si reca nel tempio e va a fare la sua offerta e il suo ringraziamento. Si va al tempio di Gerusalemme per offrire un sacrificio di animali che si conclude con un pasto offerto agli altri fratelli, in particolare ai poveri. Questo è lo schema normale che troviamo in parecchi salmi. È uno schema che vale ancora adesso.
La cosa straordinaria nel caso di Gesù è che lui ha messo all'inizio ciò che normalmente viene alla fine, cioè il ringraziamento con il pasto di comunione offerto ai fedeli. Ha capovolto l'ordine normale delle cose. Il suo rendimento di grazie l'ha messo all'inizio perché era l'elemento decisivo. Apre il proprio cuore con gratitudine all'amore che veniva dal Padre, Gesù era certo di ottenere la vittoria e quindi poteva ringraziare sin dall'inizio.
Abbiamo visto le due dimensioni della nuova alleanza strettamente unite nell'ultima cena. Per essere autentici ministri della nuova alleanza, come dice Paolo, dobbiamo attingere nell'eucaristia la forza di tenere insieme le due dimensioni dell'amore. La prima dimensione è essenziale. Ricevere l'amore che viene dal Padre attraverso il cuore di Gesù, in atteggiamento di riconoscenza filiale. Questo amore si deve ricevere con gratitudine in ogni circostanza, dice Paolo. L'amore così ricevuto ci

consente allora, ci spinge ad attuare l'altra dimensione, quella del servizio generoso alle altre persone, piccole o grandi, secondo le proprie responsabilità, in tutte le occasioni, per comunicare a tutti l'amore che sgorga dal cuore trafitto del Salvatore. Così la nostra vita spirituale sarà autentica.

INDICE

yes
i want morebooks!

Compra i tuoi libri rapidamente e direttamente da internet, in una delle librerie on-line cresciuta più velocemente nel mondo! Produzione che garantisce la tutela dell'ambiente grazie all'uso della tecnologia di "stampa a domanda".

Compra i tuoi libri on-line su
www.get-morebooks.com

Buy your books fast and straightforward online - at one of world's fastest growing online book stores! Environmentally sound due to Print-on-Demand technologies.

Buy your books online at
www.get-morebooks.com

VSG VDM Verlagsservice-gesellschaft mbH

VDM Verlagsservicegesellschaft mbH
Heinrich-Böcking-Str. 6-8
D - 66121 Saarbrücken
Telefon: +49 681 3720 174
Telefax: +49 681 3720 1749
info@vdm-vsg.de
www.vdm-vsg.de

MIX
Papier aus verantwortungsvollen Quellen
Paper from responsible sources
FSC® C105338

Printed by Books on Demand GmbH, Norderstedt / Germany